I0053741

Matthias Fiedler

Yenilikçi Gayrimenkul Eşleştirme Fikri: Gayrimenkul Aracılığının Kolaylaştırılması

Gayrimenkul eşleştirme: Yenilikçi bir gayrimenkul eşleştirme portalı ile verimli, kolay ve profesyonel gayrimenkul aracılığı

Künye

Basılı kitap 1. baskı | Şubat 2017
(Orijinali Almanca olarak yayımlanmıştır, Aralık 2016)

© 2016 Matthias Fiedler

Matthias Fiedler
Erika-von-Brockdorff-Str. 19
41352 Korschenbroich
Almanya
www.matthiasfiedler.net

Üretim ve basım:
Son sayfadaki damgaya bakınız

Kapak tasarımı: Matthias Fiedler
E-kitap olarak hazırlama: Matthias Fiedler

Tüm hakları saklıdır.

ISBN-13 (Paperback): 978-3-947082-42-1
ISBN-13 (E-Book mobi): 978-3-947082-43-8
ISBN-13 (E-Book epub): 978-3-947082-44-5

Bu eserin, içindeki bölümleri dahil olmak üzere telif hakkı saklıdır. Yazarın açıkça yazılı izni olmadan her türlü kullanımı (bu eserin bölümleri de dahil olmak üzere) yasaktır ve cezai işleme tabidir. Bu durum özellikle elektronik ve diğer yollarla yapılacak çoğaltma, yeniden basma, tercüme, saklama, uyarlama, işleme, yayma ve herhangi bir şekilde (örneğin fotoğraf, mikrofilm veya başka bir yöntemle) kamu erişimine açma gibi durumlar için de geçerlidir.

Alman Milli Kütüphanesi bibliyografya bilgisi:
Alman Milli Kütüphanesi bu yayını Alman ulusal bibliyografyasına tescil etmiştir; ayrıntılı bibliyografik verilere internette http://dnb.d-nb.de adresinden erişilebilir.

İÇERİK ÖZETİ

Bu kitapta, dünya çapındaki bir gayrimenkul eşleştirme portalı (app – uygulama) için devrim niteliğindeki bir konseptin, kayda değer ciro potansiyeli (milyarlarca avro) de hesaplanarak, gayrimenkul değerleme dahil olmak üzere bir emlak komisyonculuğu yazılımına nasıl entegre edileceği açıklanmıştır (milyarlarca avro ciro potansiyeli).

Böylelikle sahibince kullanılan veya kiralanmış olan konut ve ticari gayrimenkullere, verimli bir şekilde zamandan tasarruf sağlanarak aracılık yapılabilir. Bu konsept, tüm emlak komisyoncuları ve gayrimenkullerle ilgilenenler için yenilikçi ve profesyonel gayrimenkul aracılığının geleceğidir. Gayrimenkul eşleştirme hemen hemen tüm ülkelerde ve uluslararası alanda bile uygulanabilir.

Gayrimenkulü, alıcı veya kiracıya "götürmek" yerine, gayrimenkul eşleştirme portalında gayrimenkulle ilgilenenler kalifiye edilir (arama profili) ve emlak komisyoncusunun aracılığını yaptığı gayrimenkulle karşılaştırılır ve ilişkilendirilir.

İÇİNDEKİLER

ÖNSÖZ

Burada tanımlanan yenilikçi gayrimenkul eşleştirme konseptini 2011 yılında iyice düşündüm ve geliştirdim.

1998 yılından beri gayrimenkul sektöründe çalışmaktayım (gayrimenkul aracılığı, satın alma ve satma, değerleme, kiralama ve arsa geliştirme vb.). Ayrıca gayrimenkul uzmanıyım (IHK), lisanslı gayrimenkul ekonomisti (ADI) ve gayrimenkul değerleme konusunda bilirkişiyim (DEKRA), ayrıca uluslararası alanda kabul gören Royal Institution of Chartered Surveyors (MRICS) adlı gayrimenkul kuruluşuna üyeyim.

Matthias Fiedler
Korschenbroich, 31.10.2016
www.matthiasfiedler.net

1. Yenilikçi gayrimenkul eşleştirme fikri: Gayrimenkul aracılığının kolaylaştırılması

Gayrimenkul eşleştirme: Yenilikçi bir gayrimenkul eşleştirme portalı ile verimli, kolay ve profesyonel gayrimenkul aracılığı

Gayrimenkulü, alıcı veya kiracıya "götürmek" yerine, gayrimenkul eşleştirme portalında (app – uygulama) gayrimenkulle ilgilenenler kalifiye edilir (arama profili) ve emlak komisyoncusunun aracılığını yaptığı gayrimenkulle karşılaştırılır ve ilişkilendirilir.

2. Gayrimenkulle ilgilenenlerin ve gayrimenkul sunucularının hedefleri

Bir gayrimenkul satıcısı ve kiraya vereni açısından, gayrimenkulün hızlı ve olabildiğince yüksek fiyattan satılması ya da kiraya verilmesi önemlidir.

Satın alma ve kiralamaya ilgi duyan açısından, isteklerine uygun bir gayrimenkulü bulabilmek, hızlı ve sorunsuz bir şekilde satın almak veya kiralayabilmek önemlidir.

3. Gayrimenkul aramada şimdiye değin uygulanan yöntem

Gayrimenkulle ilgilenenler genellikle arzu ettikleri bölgede internette büyük gayrimenkul portallarında arama yaparlar. Buralarda, kısa bir arama profili kaydı bırakmak suretiyle, gayrimenkul ya da gayrimenkulle ilgili linklerin bulunduğu bir liste e-posta ile arayana gönderilir. Bunlar genellikle 2-3 gayrimenkul portalı üzerinden yapılmaktadır. Akabinde gayrimenkul sunucuları ile genellikle e-posta üzerinden iletişim kurulmaktadır. Bu şekilde sunucular, gayrimenkulle ilgilenenlerle iletişim kurma olanağı ve izni elde etmektedirler.

Ek olarak, gayrimenkulle ilgilenenler tarafından münferit olarak arzu edilen bölgedeki emlak komisyoncusu ile iletişim kurulmakta ve her defasında arama profili bırakılmaktadır.

Gayrimenkul portallarındaki sunucular, özel ve ticari sunuculardır. Ticari sunucular çoğunlukla emlak komisyoncuları ve kısmen inşaat firmaları, emlakçı ve diğer gayrimenkul şirketlerinden oluşmaktadır (metinde ticari sunucular, emlak komisyoncusu olarak tanımlanmıştır).

4. Özel sunucunun dezavantajı / Emlak komisyoncusunun avantajı

Satılık gayrimenkullerde, özel satıcı tarafından her zaman kısa sürede bir satış yapılamaz, çünkü miras kalan gayrimenkul örneğinde olduğu gibi mirasçılar arasında mutabakat yoktur ya da veraset belgesi eksiktir. Bundan başka, oturma hakkı gibi açıklığa kavuşturulmamış hukuki konular satışı zorlaştırabilmektedir.

Kiralık gayrimenkullerde, özel sunucunun kiraya vermek istediği yerin ruhsatını resmi kurumlardan almamış olması gibi durumlar görülebilir, örneğin bir ticari gayrimenkulün/alanın konut olarak kiraya verilecek olması durumunda.

Bir emlak komisyoncusu sunucu olarak faaliyet gösteriyorsa, yukarıda bahsedilen konuları genellikle halletmiştir. Ayrıca, genellikle önemli tüm gayrimenkul belgeleri (zemin planı, genel plan, enerji belgesi, tapu, resmi kurum belgeleri vb.) önceden hazırlanmıştır. – Böylece bir satış veya kiralama işlemi çabuk ve sorunsuz şekilde yapılabilir.

5. Gayrimenkul eşleştirme

İlgilenenler ve satıcı veya kiraya veren arasında hızlı ve verimli bir eşleştirmeye ulaşılabilmesi için genellikle sistemli ve profesyonel bir yaklaşım sağlanmalıdır.

Burada bu tersine yöneltilmiş yöntemle, yani emlak komisyoncusu ve ilgilenenler arasındaki arama ve bulma süreciyle yapılır. Yani, gayrimenkulü, alıcı veya kiracıya "götürmek" yerine, gayrimenkul eşleştirme portalında (app – uygulama) gayrimenkulle ilgilenenler kalifiye edilir (arama profili) ve emlak komisyoncusunun aracılığını yaptığı gayrimenkulle karşılaştırılır ve ilişkilendirilir.

İlk adımda, ilgilenenler gayrimenkul eşleştirme portalında somut bir arama profili oluştururlar. Bu arama profili yaklaşık 20 özellik içerir.

Özellikle aşağıdaki özellikler (eksiksiz sayım değildir) arama profili için önemlidir.

- Bölge/ Posta kodu/ Şehir
- Nesne türü
- Arsa büyüklüğü
- Oturma alanı
- Satış/ kiralama fiyatı
- İnşa yılı
- Kat
- Oda sayısı
- Kiralık (evet/ hayır)
- Bodrum (evet/ hayır)
- Balkon/ Teras (evet/ hayır)
- Isıtma türü
- Park yeri (evet/ hayır)

Burada, özelliklerin serbestçe girilebilir olmaması, aksine önceden belirlenmiş olan olanakları/ seçenekleri içeren bir listeden ilgili özelliğin tıklanması ile (örn. nesne türü) açılarak (örn. nesne türü: konut, müstakil ev, depo, büro...) seçilmesi önemlidir.

İlgilenenler, isteğe bağlı olarak başka arama profilleri de girebilirler. Arama profilinde değişiklik yapmak da mümkündür.

Ek olarak ilgilenenler tarafından, önceden belirlenen alanlara eksiksiz şekilde iletişim bilgileri girilir. Bunlar; soyadı, adı, sokak, ev no, posta kodu, şehir, telefon ve e-posta bilgileridir.
Bu bağlamda, ilgilenenler, emlak komisyoncusu tarafından kendileri ile iletişim kurulmasını ve uygun gayrimenkul bilgilerinin kendilerine gönderilmesini kabul ettiklerini belirtirler.

İlgilenenler ayrıca gayrimenkul eşleştirme portalının işletmecisi ile bir sözleşme yaparlar.

Sonraki adımda, arama profilleri bir programlama arayüzü üzerinden (API – Application Programming Interface) – örneğin Almanya'daki "openimmo" programlama arayüzü ile karşılaştırılabilir – bağlantılı emlak komisyoncularının kullanımına (henüz görünmez durumda) hazır hale gelir. Bundan başka, bu programlama arayüzünün – uygulama için hemen hemen anahtar – neredeyse kullanımdaki tüm emlak komisyonculuğu yazılımlarını desteklemesi ya da aktarımı sağlaması gerektiği not edilmelidir. Yoksa, bunun teknik bakımdan olanaklı hale getirilmesi gerekir. – Yukarıda bahsi geçen "openimmo" gibi programlama arayüzlerinin halen mevcut olması ve uygulamada başka programlama arayüzlerinin varlığı, arama profillerinin aktarımını olanaklı kılmalıdır.

Emlak komisyoncuları artık ellerindeki aracılığını yaptıkları gayrimenkulleri arama profilleri ile karşılaştırabilirler. Bunu için gayrimenkuller, gayrimenkul eşleştirme portalında denkleştirilir ve herbir özellik karşılaştırılır ve ilişkilendirilir. Karşılaştırma yapıldıktan sonra yüzde cinsinden bir eşleşme sonucu elde edilir. – Örneğin %50 gibi bir eşleşmeden itibaren arama profilleri emlak komisyonculuğu yazılımında görünür hale gelir.

Münferit özellikler burada, özelliklerin karşılaştırılması sonrasında eşleştirme için belli bir yüzdelik değer verecek şekilde (uyuşma olasılığı) alt alta ağırlıklandırılır (puan sistemi). – Örneğin, "nesne türü" özelliği "oturma alanı" özelliğinden daha fazla ağırlıklandırılmıştır. Ek olarak gayrimenkulde olması gereken belli özellikler (örn. bodrum) seçilebilir.

Eşleştirme için özelliklerin karşılaştırılması bağlamında, emlak komisyoncularının yalnızca arzuladıkları (rezerve edilmiş) bölgelere erişim sağlamalarına dikkat edilmelidir. Böylece veri karşılaştırma giderleri azaltılır. Özellikle ilgili emlak komisyoncuları çoğunlukla yerel çalışırlar.

– Burada, "bulut" teknolojisinin günümüzde büyük veri miktarlarını saklama ve işlemeye imkan verdiği not alınmalıdır.

Profesyonel bir gayrimenkul aracılık hizmetinin sağlanabilmesi için arama profillerine yalnızca emlak komisyoncuları erişebilir.

Bunun için emlak komisyoncuları gayrimenkul eşleştirme portalının işletmecisi ile bir sözleşme yaparlar.

İlgili karşılaştırma/eşleştirme sonrasında emlak komisyoncuları, ilgilenenlerle ve ilgilenenler de emlak komisyoncuları ile iletişim kurabilirler. Bu ayrıca, emlak komisyoncusunun, ilgilenene yazılı bir rapor göndermesi halinde, satış veya kiralama işleminin belgelenmesi durumunda emlak komisyoncusunun aracılık komisyonuna hak kazanmasının ispatlanması anlamına da gelmektedir.

Böylece, emlak komisyoncusunun, mülk sahibi tarafından (satıcı veya kiraya veren) gayrimenkule aracılık etmekle görevlendirildiğine veya gayrimenkulü arz etme hakkına rıza gösterildiğine delil olarak farzedilir.

6. Uygulama alanları

Burada tanımlanan gayrimenkul eşleştirmesi, konut ve ticari gayrimenkul sektöründeki satılık veya kiralık gayrimenkullere uygulanabilir. Ticari gayrimenkuller için uygun ek gayrimenkul özellikleri gereklidir.

Uygulamada da adet olduğu üzere, ilgilenenlerin tarafında örneğin müşterinin görevlendirmesi ile faaliyette bulunan bir emlak komisyoncusu da olabilir.

Alansal olarak değerlendirildiğinde, gayrimenkul eşleştirme portalı neredeyse her ülkede kullanılabilir.

7. Avantajları

Bu gayrimenkul eşleştirmesi ilgilenenlere büyük avantajlar sağlar, örneğin bölgelerinde (oturdukları yer) ya da iş değiştirmeleri halinde başka bir şehir/ bölgede gayrimenkul aramaları durumunda.

Sadece bir kez arama profilinizi girersiniz ve arzu ettiğiniz bölgede faaliyet gösteren emlak komisyoncuları size uygun gayrimenkul tekliflerini gönderirler.

Emlak komisyoncuları için satış veya kiraya vermede verimlilik ve zaman tasarrufu bakımından büyük avantajlar sağlar.

Sunmuş olduğunuz gayrimenkul tekliflerinin herbiri için somut olarak ilgilenenlerinin potansiyel yüksekliği hakkında derhal genel bir bilgi edinirsiniz.

Ayrıca emlak komisyoncuları, bir arama profili bırakarak arzuladıkları gayrimenkulle ilgili olarak somut fikir belirtmiş olan önemli hedef grupları ile doğrudan iletişim kurabilirler (örneğin, gayrimenkul raporunun gönderilmesi).

Bu şekilde, ne aradıklarını bilen ilgilenenlerle kurulan iletişimlerin kalitesi artar. Böylece takip eden yer gösterme randevularının sayısı azalır. – Bundan dolayı aracılığı yapılan gayrimenkulün toplam pazarlama süresi azalır.

İlgilenenlerin aracılığı yapılan gayrimenkulü incelemelerinden sonra – adet olduğu üzere – bir satış veya kira sözleşmesi yapılır.

8. Örnek hesaplama (potansiyel) – yalnızca oturduğu konut ve evler kendilerinin olan (kiralanan konut ve evler ayrıca ticari gayrimenkuller hariç)

Gayrimenkul eşleştirme portalının nasıl bir potansiyele sahip olduğu aşağıdaki örnekte daha iyi görülecektir.

Mönchengladbach şehrinde olduğu gibi 250.000 nüfuslu bir yerleşim bölgesinde istatiksel olarak yuvarlak rakamla 125.000 hane vardır (hane başına 2 kişi). Ortalama taşınma oranı yaklaşık %10'dur. Böylece yılda 12.500 hane taşınmaktadır. – Mönchengladbach'a ya da Mönchengladbach'tan başka bir yere taşınanların bakiyesi burada dikkate alınmamıştır. – Bunlardan yaklaşık 10.000 hane (%80) kiralık bir gayrimenkul ve yaklaşık 2.500 hane de (%20) satılık bir gayrimenkul aramaktadır.

Mönchengladbach belediyesi bilirkişi kurulunun arsa piyasası raporuna göre 2012 yılında 2.613 gayrimenkul satılmıştır. – Bu, yukarıda bahsedilen satışla ilgilenenlerin 2.500 kişilik sayısını doğrulamaktadır. Örneğin her ilgilenen kendi gayrimenkulünü bulamayacağı için gerçekte bu sayı daha fazla olmalıdır. Tahmini olarak gerçekten ilgilenenlerin sayısı ya da somut olarak arama profili sayısı, yaklaşık %10'luk ortalama taşınma oranından iki kat daha yüksek olmalıdır, yani 25.000 arama profili. Bu ayrıca ilgilenenlerin gayrimenkul eşleştirme portalına birçok arama profili bırakmalarını içermektedir.

Kayda değer bir konu da, bugüne değin tecrübelere göre tüm ilgilenenlerin yaklaşık yarısının (alıcı ve kiracı) gayrimenkullerini bir emlak komisyoncusunun aracılığıyla bulmuş olmalarıdır, toplamda 6.250 hane.

Ama tecrübelere göre tüm hanelerin en az %70'i internetteki gayrimenkul portalları üzerinden aramıştır, yani toplam 8.750 hane (17.500 arama profiline karşılık gelmektedir).

Mönchengladbach gibi bir şehirde tüm ilgilenenlerden %30'unun yani 3.750 hanenin (7.500 arama profiline karşılık gelmektedir), arama profillerini gayrimenkul eşleştirme portalına (app – uygulama) bırakmaları durumunda, bağlantılı gayrimenkul komisyoncuları yılda satın almayla ilgilenenlere 1.500 somut arama profili ile (%20) ve kirlamayla ilgilenenlere 6.000 somut arama profili ile (%80) uygun gayrimenkulleri teklif edebilirler.

Yani, 10 aylık bir ortalama arama süresinde ve ilgilenenler tarafından bırakılacak herbir arama profili için 50 € emsal bir fiyatla, 250.000 nüfuslu bir şehirde 7.500 arama profili için yıllık 3.750.000 € ciro potansiyeli vardır.

Tahmini hesaplamayla, yuvarlak rakamla 80.000.000 (80 milyon) nüfuslu Federal Almanya için yıllık 1.200.000.000 € (1,2 milyar €) ciro potansiyeli vardır. – İlgilenenlerin tümünün %30'u yerine örneğin %40'ının gayrimenkullerini, gayrimenkul eşleştirme portalı üzerinden aramaları durumunda yıllık ciro potansiyeli 1.600.000 € (1,6 milyar €) tutarına çıkmaktadır. Bu ciro potansiyeli, yalnızca ilgilenenlerinin bizzat kendilerinin kullanacakları konut ve evleri kapsamaktadır. Bu potansiyel hesaplamaya konut gayrimenkul sektöründeki kiralık ya da yatırım amaçlı gayrimenkuller ve ticari gayrimenkul sektörünün tamamı dahil edilmemiştir.

Almanya'da gayrimenkul aracılığı sektöründe faaliyet gösteren yaklaşık 50.000 işletmenin (iştirakçi inşaat firmaları, emlakçılar ve diğer gayrimenkul şirketleri dahil olmak üzere) yaklaşık 200.000 çalışanı vardır ve bu 50.000 işletmeden %20'lik emsal kısmının bu gayrimenkul eşleştirme portalını ortalama 2 lisansla kullanmaları durumunda, lisans başına aylık 300 € emsal fiyattan yılda 72.000.000 € (72 milyon €) tutarında bir ciro potansiyeli vardır. Bundan başka, tasarıma göre önemli miktarda başka ciro potansiyelinin üretilebilmesi için yereldeki arama profillerine yerel kayıt yapılmalıdır.

Emlak komisyoncuları, ilgilenenlerin somut arama profilli bu büyük potansiyeli nedeniyle, kendilerinin ilgilenenler veri bankasını – eğer varsa– sürekli olarak güncellemek zorunda kalmayacaklardır. Özellikle güncel arama profillerinin bu sayısı, birçok emlak komisyoncusunun kendi veri bankalarında kayıtlı olan arama profillerinin sayısını büyük olasılıkla geçecektir.

Bu yenilikçi gayrimenkul eşleştirme portalının birçok ülkede kullanım alanı bulması durumunda, örneğin Almanya'dan satın almayla ilgilenenler Akdeniz'de Mallorca (İspanya) adasındaki tatil apartmanları için arama profili bırakabilirler ve Mallorca'dan bağlantılı emlak komisyoncuları, ilgilenen alman müşterilere e-posta ile tanıtım yapabilirler. – Gönderilen tanıtım dosyalarının İspanyolca olması durumunda, ilgilenenler artık günümüzde internetteki çeviri programlarının yardımıyla ilgili metni en kısa zamanda Almancaya çevirtebilirler.

Arama profillerinin eşleştirilmesi ve aracılığı yapılan gayrimenkulün dil dikkate alınmaksızın halledilebilmesi için gayrimenkul eşleştirme portalı dahilinde ilgili özelliklerin, programlanabilir (matematiksel) özellikler temelinde – dilden bağımsız olarak – eşleştirilmesi ve sonrasında ilgili dile sınıflandırması yapılmalıdır.

Gayrimenkul eşleştirme portalının tüm kıtalarda kullanılması durumunda, yukarıda belirtilen ciro tutarının (yalnızca aramayla ilgileneler) çok basitleştirilmiş tahmini hesaplaması aşağıdaki gibi yapılabilir.

Dünya nüfusu:

7.500.000.000 (7,5 milyar) kişi

1. Gelişmiş ve önemli ölçüde gelişmiş ülkelerin nüfusu:

2.000.000.000 (2,0 milyar) kişi

2. Yükselen ülkelerin nüfusu:
   4.000.000.000 (4,0 milyar) kişi

3. Gelişmekte olan ülkelerin nüfusu:
   1.500.000.000 (1,5 milyar) kişi

Federal Almanya'nın 80 milyonluk nüfusla 1,2 milyar € olarak hesaplanan yıllık ciro potansiyeli, aşağıda varsayılan faktörlerle; gelişmiş, yükselen ve gelişmekte olan ülkelere göre uyarlanmış ve tahmini olarak hesaplanmıştır.

1. Gelişmiş ülkeler: 1,0

2. Yükselen ülkeler: 0,4

3. Gelişmekte olan ülkeler: 0,1

Böylece aşağıdaki yıllık ciro potansiyeli elde edilir (1,2 milyar € x nüfus (gelişmiş, yükselen veya gelişmekte olan ülkeler) / 80 milyon nüfus x faktör).

1. Gelişmiş ülkeler: 30,00 milyar €

2. Yükselen ülkeler: 24,00 milyar €

3. Gelişmekte olan ülkeler: 2,25 milyar €

Toplam: **56,25 milyar €**

9. Sonuç

Açıklaması yapılan bu gayrimenkul eşleştirme portalı ile gayrimenkul arayanlara (ilgilenenler) ve emlak komisyoncularına önemli avantajlar sağlanır.

1. İlgilenenler, arama profilini sadece bir kez girdikleri için uygun gayrimenkulün aranma süresini belirgin şekilde azaltırlar.

2. Emlak komisyoncuları, ilgilenenlerin sayısı ile somut istekleri konusunda önceden genel bir fikir sahibi olurlar (arama profili).

3. İlgilenenlere, yalnızca arzu ettikleri ya da uygun gayrimenkuller (arama profiline göre) tüm emlak komisyoncuları tarafından sunulur (adeta otomatik bir ön ayıklama).

4. Emlak komisyoncuları, çok yüksek sayıdaki güncel arama profillerini sürekli olarak kullanabildikleri için, arama profillerinin bulunduğu kişisel veri bankalarının bakım giderlerini azaltırlar.

5. Gayrimenkul eşleştirme portalına sadece ticari sunucular/ emlak komisyoncuları bağlanabildiği için, ilgilenenler, profesyonel ve çoğunlukla tecrübeli gayrimenkul aracıları ile muhatap olurlar.

6. Emlak komisyoncuları, yer gösterme randevularının sayısını ve toplam pazarlama süresini azaltırlar. Buna mukabil ilgilenenler açısından da yer görme randevularının sayısı ile satış ya da kira sözleşmesi yapılana kadar geçen zaman azalır.

7. Satılacak ve kiralanacak gayrimenkullerin sahipleri de aynı şekilde zamandan tasarruf ederler. Ayrıca, hızlı kiraya verme

ya da hızlı satış yoluyla; kiralık gayrimenkullerin daha az süreli olarak boş kalması ve satılık gayrimenkullerin satış tutarlarının daha erken ödenmesi de finansal bir avantajdır.

Bu gayrimenkul eşleştirme fikrinin hayata geçirilmesi/ uygulanması ile gayrimenkul aracılığında önemli bir ilerleme sağlanmış olacaktır.

10. Gayrimenkul eşleştirme portalının, gayrimenkul değerleme dahil olmak üzere yeni bir emlak komisyonculuğu yazılımına bağlanması

Burada tanımlanan gayrimenkul eşleştirme portalının tamamlanabilmesi için en başından itibaren yeni bir – tercihen dünya genelinde kullanılabilecek – emlak komisyonculuğu yazılımının önemli bir unsuru olması gerekir. Yani, emlak komisyoncuları gayrimenkul eşleştirme portalını; ya kullanmakta oldukları emlak komisyonculuğu yazılımına ek olarak ya da tercihen gayrimenkul eşleştirme portalının da dahil olduğu yeni bir emlak komisyonculuğu yazılımı ile kullanabilirler.

Bu verimli ve yenilikçi gayrimenkul eşleştirme portalının ayrı bir emlak komisyonculuğu yazılımına bağlanması ile pazara yayılmada önemli, emlak komisyonculuğu yazılımı için esaslı, benzersiz bir özellik sağlanmış olacaktır.

Gayrimenkul aracılığında, gayrimenkul değerlemenin daima önemli bir unsur olması ve gelecekte de önemini koruyacak olması nedeniyle, emlak komisyonculuğu yazılımına kesinlikle bir gayrimenkul değerleme aracı entegre edilmelidir. Gayrimenkul değerleme, uygun hesaplamalarla, emlak komisyoncusunun girdiği/ bıraktığı gayrimenkulün önemli veri/ parametrelerine bağlantılarla erişim sağlayabilir. Gerekmesi durumunda emlak komisyoncusu eksik parametreyi kendi yerel piyasa bilirkişiliği ile telafi eder.

Ayrıca, emlak komisyonculuğu yazılımında, aracılığı yapılacak gayrimenkule, sanal gayrimenkul gezintilerinin entegre edilebilmesi olanağı olmalıdır. Bu, örneğin mobil telefon ve/

veya tablet bilgisayar için ek bir app (uygulama) geliştirilmesi suretiyle basitleştirilerek uygulanabilir, böylece sanal gayrimenkul gezintisinin kaydedilmesinden sonra geniş ölçüde otomatik olarak emlak komisyonculuğu yazılımına entegre edilir ya da bağlanır.

Verimli ve yenilikçi gayrimenkul eşleştirme portalının yeni bir emlak komisyonculuğu yazılımına, gayrimenkul değerleme ile birlikte bağlanması ile olası ciro potansiyeli belirgin şekilde tekrar artacaktır.

Matthias Fiedler

Korschenbroich, 31.10.2016

Matthias Fiedler

Erika-von-Brockdorff-Str. 19

41352 Korschenbroich

Almanya

www.matthiasfiedler.net

www.ingramcontent.com/pod-product-compliance
Lightning Source LLC
Chambersburg PA
CBHW071531210326
41597CB00018B/2951